ISBN 3-00-001847-6

Rolf Gerlach

„ *Des kommt drvo!* "

Schwäbische Mundartgedichte
mit Bildern von Eduard Thinschmidt

Herzlichst

Rolf Gerlach

Vorwort

Es ist nicht erwiesen, aber immerhin wahrscheinlich, daß in jedem Schwaben ein Dichter steckt. Nur weiß das nicht jeder. Und dann eines Tages passiert es. Das Talent wird berührt, oft bei einem eher beiläufigen Anlaß, und jetzt bricht es mächtig hervor, drängt nach Entfaltung, nimmt vom Dichter Besitz und wird ihn nie mehr in Ruhe lassen. Von da an dichtet es in ihm.

Grad so war es bei Rolf Gerlach. Aus Profession ist er Pädagoge, Rektor der Friedensschule in Pleidelsheim. Aus Passion ist er schwäbischer Mundart-dichter. Das wird er auch bleiben, keine Frage, schließlich legt er hier nun schon innerhalb kurzer Zeit nach seinem erfolgreichen Erstling „Scho bassiert!" den zweiten wiederum schön illustrierten Gedichtband vor, und die Leidenschaft des Poeten wird schon dafür sorgen, daß dies nicht der letzte ist.

Mit einem Geburtstagsgedicht fing es an, dann war's passiert. Seitdem sammelt er Geschichten und Begebenheiten, Kurioses und Kompliziertes aus dem Menschenleben, Witziges und Widriges, die Taten von Käuzen und die Untaten von Schlitzohren, um alles in gefälliger Reimform dauerhaft zu verpacken. Wobei er freilich auch, was sehr sympathisch ist, die eigene Unzulänglichkeit nicht ausspart. Es kann ja jedem mal passieren, daß er sich dubbelig anstellt. Oder?

Rolf Gerlach ist aber nicht nur Mundartpoet. Er ist ein Bewahrer der Alltagsgeschichte. Er hütet jene kleinen Ereignisse, die ohne das Weitersagen verloren gehen, und die sprachlichen Eigentümlichkeiten, die dahinsterben, wenn sie nicht der Dichter lebendig erhält. Deshalb müssen manche unbedingt recht deftig sein. Damit man die Wurzeln riecht.

Also eine Poesie mit Bodag'fährtle. Sie ist so herzhaft wie eine schwäbische Schlachtplatte, bekömmlich wie ein Rostbraten, manchmal räß wie Most oder Wein, der grad seine Süße verliert (oder wie eine Schwäbin, die ihrer Liebenswürdigkeit verlustig geht), und auf jeden Fall süffig wie ein Trollinger. Mit einem Wort: Urschwäbisch. Immer haben die Gedichte eine Pointe. Und wo's nötig ist, ist die Sprache nicht zimperlich, halt bodenständig, ehrlich, Gerlach schaut den Leuten schließlich ins Herz wie aufs Maul, also den Mund.

Einer seiner Figuren schenkt der gebürtige Stuttgarter, Jahrgang 1938, seine besondere Liebe. Einem gewissen Fritzle. Das ist einerseits eine Erinnerung an das legendäre „Rundfunkfritzle", den unvergessenen Künstler Erich Hermann, und andererseits eine Reverenz an diesen Mann, der sein Schwiegervater war und der sicher genausoviel Spaß an den Gedichten hätte wie die Leser und die Lauscher bei Lesungen.
Da passiert es nämlich immer, daß die Leute aus vollem Herzen lachen.
Was kann ihnen besseres passieren?

Uta Schlegel-Holzmann

*Dieses Buch widme ich allen Freunden der schwäbischen Mundart
im Allgemeinen und den Käufern meines ersten Buches im Besonderen,
und damit allen, die mich ermuntert haben, weiterzumachen und denen
letztlich dieser schwäbische Gedichtband mitzuverdanken ist.
Vor allem aber widme ich es meiner Familie, meinen lieben Kindern Nici,
Frank, Inga und Heiko, und nicht zuletzt meiner geliebten Frau "Gigi",
die mit feinstem Sprachgefühl den Gedichten den letzten Schliff
gegeben hat. Ohne sie wäre dieses Buch so nicht entstanden, und für sie
allein ist nebenstehendes Gedicht.
Mein besonderer Dank gilt unserem Pleidelsheimer Künstler
Eduard Thinschmidt, der mir seine wunderschönen Aquarellbilder
zur Verfügung gestellt hat, und nicht zuletzt Frau Uta Schlegel-Holzmann
für ihr Vorwort.*

Ohne di

Ohne di, dô kenntsch mi glatt vergessa.
Di muaß mr mit de Beschde messa.
Du bisch ond bleibsch mei Sonnaschei.
Du bisch wie d'Ausles von ma Wei.

Ohne di, dô schmeckt koi Essa net,
ohne di lieg i alloi em Bett.
Du hôsch a Art, sell will i moina.
So wie di, so gibt's sonschd koina.

Ohne di - dô will i net drâ denka -
ond meine Gedanka anders lenka.
Gott sei Dank, i han jô di!
"Ohne" gibt's - des hoff i - nie!

Ohne di mechd i nia sei,
druff heb i jetzt mei Gläsle Wei.
I wünsch ons zwoi a langes Leba,
des glücklich bloß zu zwoit kô geba.

Pleidelsheim, Gasthaus Ochsen

Eduard Thinschmidt

Mei verflixtes Kofferschloß

Zum Geburtstag kriag i gschenkt
a Köfferle, des selber denkt.
Links ond rechts, dô kôsch du dreha
ond sechs verschiedne Zahla seha.

Nadierlich, 's liegt jô bloß am Wella,
kôsch sechs gleiche du eistella.
I programmier des Zahlaschloß,
wie merk i mir dia Zahla bloß?

Bevor i dia Zahla uffschreiba kô,
gôht mei Weible an des Köfferle nô.
Sie denkt sich nix, dreht an de Zahla,
ond fabriziert mir Höllaquala.

Des Köfferle isch feschd verschlossa,
ond als wär's mir grad zum Bossa,
han i dia Zahla nemme gwißt,
vor Wuat faschd en mei Hos' neipißt.

I han mei Köfferle jetzt gnomma
ond ben nô zu ra Lösung komma.
Zwôr het i den Koffer au wegschmeißa könna,
doch's waret scho wichtige Sächla drenna.

Mit System ben i vorganga
ond han mit 001 âgfanga,
ond dreht ond dreht, druckt han i druff:
Des lenke Kofferschloß sprengt uff.

Von dem Erfolg ganz inspiriert
han i des rechts au so probiert.
Zum Glück isch des dô au so gloffa,
ond mei Köfferle war offa.

Jetzt han i mei Gedächtnis gstärkt
ond mir dia Zahla richtig gmerkt.
Zu ra Prüfung dua i mei Köfferle traga,
ond drenna sen wichtige Onderlaga.

Ben kaum em Prüfungszemmer dren,
mei Köfferle, i glaub i spenn,
des gôht net uff, isch oifach zua,
des raubt mir faschd mei ledschde Ruah.

Normal wär i a armer Tropf,
het i dia Zahla net em Kopf.
„Gott sei Dank!" kenn i dia Zahla
ond kriag scho wieder Höllaquala.

I guck uff's Schlößle, kô nix lesa.
Ohne Brill kôsch des vergessa.
Jetzt fallt mr's ei, i glaub i spenn:
Mei Brill isch en dem Koffer dren.

Hauptsach, 's hilft

Beim Karle rompelt's oft em Bauch,
des Rompla wird für ihn a Schlauch.
Baßt'r net uff, isch des net toll,
nô hôt'r halt sei Hosa voll.

Sein Freund, dr Dieter, trifft'r heit,
dem klagt'r oifach jetzt sei Leid:
„I reg me so uff,“ sechd'r zu dem,
„mei volle Hos isch mei Problem.“

Dr Dieter isch a Mann der Tat
ond woiß sofort en guata Rat:
„Gang zu meim Dokter, der hilft dr gwieß,
des koschded halt a bißle Kies.“

Ond scho am negschda Morga hockt'r
em Wartezemmer von dem Dokter.
Der hört sei Krankagschichtle â,
verschreibt, was er verschreiba kô.

A baar Wocha später, dô trifft'r wieder
sein alta Bekannta ond Freund, dr Dieter.
Der frôgt'n glei, wia's ihm jetzt gôht,
ond wia's mit seiner Krankheit stôht.

„Scheißsch nemme en d'Hos?" frôgt dr Dieter glei.
„Doch, doch, aber des isch mir einerlei.
„Dia Tabletta von deim Dokter, dia hen's voll druff,
mei Hos isch zwôr voll, aber i reg mi net uff!"

Mundelsheim, Großbottwarer Tor   Eduard Thinschmidt

Aua!

Heut han i die beschd Idee:
I mach a Feuer em Kamee.
Verbrenna dua i voller Stolz
älles was i han an Holz.

Holz vom Bau no ond vom Garta,
lang dauert's net, i muaß net warta.
Em Freia hock i am Kamee,
des knistert ond des wärmt so schee.

Manchmôl knistert's net, es knallt.
Gluat flieagt raus, so isch des halt.
Zom Glück isch meischdens d'Gluat verschwonda,
wenn dia Breckel landet onda.

Beim Zammakehra, grad beim Bücka,
fahrt mir's jämmerlich en Rücka.
Komm kaum meh hoch, 's duat schrecklich weh,
dô han i wieder a Idee.

Mit'm Rücka zum Kamee,
des Feuer wärmt mei Kreuz so schee.
Dr Schmerz läßt nâch für kurze Zeit,
dô knallt a Breckel von ma Scheit.

Der brennt a Riesaloch en d'Hos,
ond uff dr Haut gibt's glei a Blôs.
Dr Schmerz em Kreuz, der isch jetzt grenger,
doch der am Arsch isch om so schlemmer.

A ganz bsondrer Gaul

A bißle spät, a bißle bsoffa,
dr Karle isch drhoim ei'troffa.
Hondsmüd haut'r sich nei ens Neschd.
Nach kurzer Zeit do schlôft'r feschd.

Sei Weib liegt jetzt drneba nô
ond guckt des schlôfende Elend ô.
Es dauert zeah Minuta kaum,
dô schwätzt dr Karle scho em Traum.

Dr Karle schwätzt a bißle viel.
Sie merkt, dô isch a Weib em Spiel!
Dr Name Berta kommt jetzt vor,
der gôht ra nemme aus'm Ohr.

Am nägschda Morga frôgt se glei,
wer denn bloß die Berta sei.
„Was du widder denksch", fahrt'r ihr übers Maul.
„Die Berta isch doch mei neuer Gaul."

A baar Dag später beim Mittagessa,
dr Karle hôt älles längschd vergessa.
Dô sechd sei Alte ganz durchtrieba:
„Du Karle, dô isch a Brief, dei "Gaul" hôt gschrieba."

Landgasthof

Aus'm Städtle gôht mr naus,
zum Essa en a Landgasthaus.
Dô kriagsch du Riesaportiona,
emmer duat sich sowas lohna.

Uff dr Disch kommt jetzt des Essa,
dein Honger kôsch jetzt glei vergessa.
Was nô bassiert, es isch a Graus,
glei isch's mit dem Genießa aus.

A Schwarm von Mucka kommt von oba,
hockt oifach uff deim Essa droba.
Dr Wirt erklärt des älle glei:
„Dia kommet halt zum Fenster rei.

Lasset's euch schmecka, machet euch nix draus.
Glei fliaget dia wieder zum Fenster naus.
Nach'm Essa, i woiß, daß des so ischd,
hocket se wieder älle uff'm Mischd."

Mei heiligs Blechle

A rechter Schwôb isch a spariger Mâ.
Er fahrt a Auto, des'r leischda sich kô.
Er fangt halt mit ma kloine â,
ond s'nägschd Môl isch a größrer drâ.

I be a Schwôb, i han's so gmacht
ond zerschd en Käfer mir âglacht.
Des war a Wägele, kôsch net klaga,
doch willsch halt au môl en größra Waga.

I han's nô mit ma Ford probiert,
en Audi verfluacht, der Oel verliert.
Ond nach ra kurza Opelzeit
war es endlich jetzt soweit!

En dr Garasch, i glaub i spenn,
dô stôht a greaner Daimler dren.
Zwâr net ganz nei, doch guat em Schuß.
Mei Stimmung war jetzt hoch em Plus!

I fahr en jetzt scho faschd zeah Johr,
dr jengschd isch'r nemme, des isch fei wôhr.
Mei Weib isch mit mir on dem Daimler recht zfrieda.
I glaub von ma Nichtschwôba wär se längst gschieda.

Doch fordert s'Alter sein Tribut.
Dr TÜV spricht's Urteil: „Nemme gut!"
Du kôsch jetzt sehr viel Geld neistecka,
oder lesch'n halt verrecka!

I laß den Kerle repariera,
dua so mei gspartes Geld verliera.
I laß dia Bremsa überhola,
laß schweißa, 's koschd dia ledschde Kohla.

Nô kriag i en Âruf, mei Alte flennt:
„Dia hen Löcher beim Schwoißa en Sitz neibrennt!
En neia Fahrersitz bauet se ei.
I hoff, se machet en Rechta nei!"

Mei Weib kommt hoim, sie rastet schier aus:
„Gang sofort mit mir ans Auto naus!
Der Sitz isch so dreckich ond total verschmiert,
daß mr dr Glauba an a guate Werkstatt verliert.

Der Stoff isch abgschossa, den kôsch vergessa,
au isch dr Sitz völlig durchgesessa.
Ruaf â ond sag, daß se sottiche Sacha
uff gar koin Fall mit ons kenntet macha!"

I guck mr's â ond ruaf stocksauer
en dr Werkstatt â beim Meischder Bauer.
Der sechd höflich aber bestimmt, ond i ben schockiert:
„Ihrem Fahrersitz isch überhaupt nix bassiert!

En neue Rücksitz hemmer ei'baut.
Dr Fahrersitz war scho vorher versaut.
Für dr Zustand vom Sitz, i muß des so saga,
dean Sia alloi d'Verantwortung traga!"

Hessigheim, Rathaus   Eduard Thinschmidt

Vorsichtig

Uff'm Baurahof, dô schafft a Knecht.
Er schafft sei Sach ond des net schlecht.
Doch heit gôht'r zum Bauer nei,
sei Kündigung, die reicht'r ei.

Dr Bauer isch glei arg verschrocka
ond duat sich uff sei Stüahle hocka:
„Ja om älles en dr Welt!
I han denkt, daß dir's hier gfällt!

Ja, duasch ons wirklich so arg hassa,
willsch ons nach viela Jôhr verlassa?"
Dr Knecht, der sechd, es läg am Essa,
des mechd'r möglichst schnell vergessa.

Als s'Rendle ledschd Jôhr gstorba isch,
war täglich Rendfloisch uff'm Disch.
Ond als nô d'Goiß isch au eiganga,
hôt s'Gleiche mit dem Floisch â'gfanga.

Ond seit onser Sau isch tot,
gibt's täglich Leberwurst uff's Brot.
D'Oma isch gstorba, i hoff du verstôhsch,
dô han i mir denkt, s'wird Zeit, daß du gôhsch."

Hirn

Dr Frieder isch a armer Tropf,
viel hôt'r net en seinem Kopf.
Er hôt halt dren en seiner Birn
leider viel zu wenig Hirn.

En seim Gläsle schwemmt a Muck.
Dr Frieder nemmt en kräftga Schluck.
Jetzt hôt halt onser armer Tropf ·
meh Hirn em Maga als em Kopf.

Privat versichert

Willsch du a bißle länger leba,
willsch gsender sei als der drneba,
nô versicher de privat.
Des zahlt sich aus, wenn bisch malad.

Des merksch sofort, wenn gôhsch zum Doktor.
Dr Kassapatient, wo hockt'r?
Em überfüllta Zemmer drenna,
wia em Heahnerstall dia Henna.

Als Privater wirsch empfanga,
als wär dr ledschd Patient grad ganga.
Du kommsch ens Extrazemmer nei.
Dô hockt koiner, des isch fei.

Bei ma Hautarzt, des isch wôhr,
war i amôl vor viele Jôhr.
I war bstellt uff halber drei,
war dort so circa zehn nach zwei.

19

I soll en dem Zemmer dort drüba warta,
dô het i en scheena Blick uff dr Garta.
Die Tür mit „Privat“, die öffn i jetzt,
gang nei ond han mi en Sessel neigsetzt.

I denk: Isch des a nobels Zemmer!
Privatpatient warsch jô scho emmer.
Doch Oichamöbel, ei der Daus,
han i net môl em oigna Haus.

Die Zeit vergôht, 's wird halber viere.
Dô öffnet endlich sich die Türe.
D'Sprechstondahilf - Jetzt ben i drâ! -
Dô fangt des Mensch zum Schempfa â.

Sie häb doch gsagt, i soll dort warta,
wo mr en Blick häb uff dr Garta.
I wär' jô - ond se moint, i spenn -
em Wohnzemmer von Doktors dren.

A freche Muck

Frech wia Oskar fliagt a Muck,
ond se fliagt, kaum daß i guck,
von oba en mei Gläsle nei,
no halba gfüllt mit Fäßleswei.

Jetzt überleg i, was i dua.
I guck dr Muck a Weile zua
ond stell mr vor, was andre dädet,
wenn se a Muck em Gläsle häbet.

Dr Brite packts mit spitze Fenger
ond schmeißt se ondern Disch, dr Denger.
Dr Franzmann schüttelt sich vor Graus
ond leert sei halbvolls Gläsle aus.

Dr Bayer guckt - ond des könnt stemma -
dem kloina Tierle zua beim Schwemma.
Als Schwôb fisch i des Tierle raus
ond schrei: „Spuck bloß des Tröpfle aus!"

Höpfigheim   Eduard Thinschmidt

Gar net domm

Dr Babba guckt en d'Werkstatt nei,
ond dô sen, als müaß so sei,
älle seine Kender dren.
Was hen dia denn bloß em Senn?

S'Fritzle hebt en Riesahammer,
des gibt sicher glei a Gjammer.
„Halt! Du kenntsch dr uff d'Fenger klopfa,
so wie des weh duat, kôsch net hopfa.“

„Oh Babba, guck zum Karle nomm!
Glaubsch du, i wär a bißle domm?
'S kô sei, i hau a weng drneba,
drom muaß dr Karle dr Nagel heba.“

Verstrubelt

Dr Gustav isch a armer Tropf,
hôt bloß drei Härla uff seim Kopf.
Er duat dia Härla jetzt frisiera,
rupft mit'm Kamm, duat ois verliera.

Jetzt gibt's bloß ois ond des isch wôhr:
En Mittelscheidel mit zwoi Hââr.
Doch beim Kämma, 's isch a Graus,
gôht's vorledschde Härle raus.

Dr Gustav guckt sein Meckel â,
a gotzigs Härle isch no dô:
„Jetzt isch mr's Wurscht, i be net domm.
Jetzt lauf i halt verstrubelt rom."

Dr Deifel

Wenn onser August kriagt sein Durscht,
isch'm au sei Alte Wurscht.
Nô hockt'r en sei Wirtschaft nei
ond trenkt sein Württaberger Wei.

Seiner Kätter duat's net gfalla,
denn meischdens hôt'r dô en Balla.
Er schwankt nô hoim ond strackt ens Neschd,
denn schlôfa isch dô s'Ällerbeschd.

Dr Kätter baßt des Saufa net.
Au d'Rauschkugel môg se net em Bett.
Sie überlegt jetzt hin und her,
was dô a Gegamittel wär.

Nô sieht se em Kostümverleih
en "Deifel" ond den leiht se glei.
Als en dr Wirtschaft isch dr Mâ,
dô ziagt se des Kostümle â.

Em Hausgang lauert se ehm uff.
Er kommt jetzt hoim en seinem Suff.
So bsoffa war der jô no nie.
„I ben dr Deifel!" schreit jetzt sie.

Dr August sechd: „Mir sen verwandt.
Oh Deifel, komm, gib mir dei Hand!
Dei Schwester, des woiß i genau,
isch seit 30 Jôhr mei Frau."

A ralliche Sau

Em Baurahof dô gôht's heut rond,
normal sen dô jâ älle gsond.
Doch em Saustall isch was los,
dô hocket d'Säu dren, kloi ond groß.

A Muttersau, die het des gern,
daß a Eber wär net fern.
Mr sieht's em brommenda Säule â,
daß a Besamung isch jetzt drô.

Dr Eber fehlt em oigna Haus.
Sein Schubkarra holt dr Bauer raus
ond fahrt die Sau zum Nachber nüber,
dem sein Eber läßt'r drüber.

Als het dr Bauer koine andere Sorga,
brommt sei Sau wieder am nägschda Morga.
Er fahrt se halt wieder zum Nachber nom,
s'Bromma hört uff ond die Sau isch stomm.

Am Morga druff frôgt dr Bauer sei Frau:
„Was macht eigentlich onser ralliche Sau?"
Sei Weib, die sechd: „Die Sau hôt en Sparra,
die hockt scho wieder en onserm Schubkarra."

Freiberg, Amanduskirche

Eduard Thinschmidt

Pfarrers Marie

A katholischer Pfarrer, der braucht halt au
für sein oigena Haushalt a schaffige Frau.
Se wäscht, se kocht, se nemmt dr Besa.
Geschlechtslos sott des sei, des Wesa.

Scho zwanzig Jôhr mit voller Kraft
d'Marie dr Pfarrershaushalt schafft.
Sie schafft fast bis zum Überdruß,
daß Pfarrers Haushalt isch em Schuß.

Dr Pfarrer will ihr dâfür danka,
ond hôt dô glei au en Gedanka:
„Marie, du hôsch en Wunsch heut frei,
erfülla will i dir den glei."

D'Marie, die strahlt Hochwürden â:
„I het so gern amôl en Mâ!
Bisher han i en meim Bett
bloß a Bettfläsch drenna ghet.

Gspart han i sechshondert Mark,
ond bevor i komm en Sarg,
geb i dem dreihondert Kohla,
der mi ens Paradies duat hola."

Dr Pfarrer isch total verschrocka,
duat en sein Sessel sich neihocka:
„Jetzt machsch du mir ganz große Sorga.
I überleg mir des bis morga."

Wenig Geld isch des jô net.
Het's gern em Kirchakässle ghet.
Doch er selber derf's net do,
bei de Kathela isch's halt so.

Nach ra faschd schlâflosa Nacht
hôt's ihm die Eigebung gebracht.
Dô fallt'm halt sei Mesner ei,
frôgt den am nägschda Morga glei.

Sei Mesner hôt sich glei entschieda,
daß Pfarrers Haushalt bleibt en Frieda.
Am Âbend gôht'r, so muaß sei,
zu Pfarrers Magd ens Stüble nei.

Dr Pfarrer hockt alloi em Zemmer,
sei Gwissa schlägt'm schlemm ond schlemmer.
Am nägschda Morga hält'r 's nemme aus
ond saut zum Zemmertürle naus.

Em Bettle von der Frau Marie
liegt der Mesner ohne sie.
Bevor dr Pfarrer frôga kô,
grinst'n sei Mesner oifach â:

„Boide hemmer ghet onser Späßle.
Dreihondert sen em Kirchakässle.
Jetzt isch se uff d'Bank, au wenn Sie des wondert,
ond holt von ihr'm Konto die ledschde dreihondert!"

Schulratsbesuch

A Schulrat, des isch halt a Mâ,
von dem mr no was lerna kô.
Denn en seim Nama steckt a Wort,
Rat gibt'r jedem, au vor Ort.

I han dô viele scho erlebt,
ond au die meischde überlebt.
Viele dean heut nemme spenna
sich bloß no uff ihr Uffgab bsenna.

Früher war des ganz verkehrt,
koin Rat hôsch du von denne ghört.
Ond jeder Lehrer, der hôt zittert,
wenn'r so en Kerle wittert.

Er hôt nô, des derfsch neamerd saga,
sei Angst uff d'Kender übertraga.
Ond älle Kender hen jetzt gmoint,
daß wega ehne der erscheint.

Drweilscht ond des war gar net toll,
dr Lehrer hôt sei Hosa voll.
Älles duat'r präpariera,
daß nix Schlemmes kô bassiera.

Am nägschda Dag, oh sei's geklagt,
Schulratsbesuch isch angesagt.
Mr hört scho s'Rattera ond Knarra,
des isch em Rat sei alter Karra.

Hondert Meter vor'm Ort
gôht der aus ond stôht nô dort.
Dr Schulrat, technisch net versiert,
onder sei Motorhaub stiert.

A Büable stupft'n zaghaft â:
„Laß mi des macha, liaber Mâ!"
Zwoi, drei Handgriff macht der Donder,
dr Karra lauft, s'isch wie a Wonder.

Dr Schulrat dankt ond frôgt'n glei:
„Worom hôsch von dr Schual heut frei?"
„Mei Lehrer, der hôt furchtbar gfluacht,
weil heut sei Schulrat käm zu Bsuach.

Ond i wär a besondre Rass,
i wär dr Dömmschde von dr Klass.
Ond daß mr net widder a Strôfarbeit blüht,
wär's besser, wenn mi dr Schulrat net sieht!"

Ohra[*]

Faschd jeder, der wird so gebora,
mit oiner Nôs ond mit zwoi Ohra.
S'gibt Ohraforma spitz ond rond,
a Vielfalt faschd wie bei de Hond.

Ohra gibt's wie Häfela,
wia Bâhwärterstäfela.
Se lenket ab vom domma Gsicht,
große Ohra, kloiner Wicht.

Dr Fritz hôt Ohra riesagroß,
dô geahn dia Frotzeleia los:
„Du hôsch jô riesagrauße Ohra,
bisch du mit denne scho gebora?"

Dr Fritz, der kô den Typ net leida,
er kontert wie en beschde Zeita:
„Deine Ohra heidanei,
sen für en Esel viel zu klei!"

[*]frei nach Walter Weisbecker

Vollkomma

Dr Fritz, der stupft sein Freind, dr Sepp:
„Hältsch du mi für'n vollkommna Depp?“
Doch dr Sepp, der hôt des glei richtig gstellt:
„Noi, vollkomma isch koiner uff dr Welt!“

Blick auf Alt-Pleidelsheim   Eduard Thinschmidt

Die Strafe folgt ...

Dr Apotheker en meim Flecka
duat en ma Schrank en Schnaps verstecka.
Isch'r nô amôl alloi,
schenkt'r sich a Schlückle ei.

Oimôl hôt'r grad eigschenkt,
bevor er no des Schnäpsle trenkt,
kommt en d'Apothek dr Nachber Kohl
ond sechd ganz oifach: „Sehr zum Wohl!

I dät au gern a Schlückle trenka,
Sie derfet s'Glas ruhig voll eischenka.
I dua's au net de andre saga,
mir dean ons jô so guat vertraga.“

Seit dera Zeit, dô trenkt dr Kohl,
faschd täglich uff sei oiges Wohl.
Dr Apo hôt des âfangs gschluckt,
doch als'r môl ens Schränkle guckt:

Dô war die Schnapsflasch lodderleer,
als ob no nia was dren gwä wär.
Des setzt sein Denkapp'rat en Schuß,
er füllt die Flasch mit Rizinus.

Dr Nâchber gôht ans Schränkle nô
ond setzt jetzt d'Flasch zum Trenka â.
En Riesaschluck hôt der fei gnomma
ond isch seither net wiederkomma.

Es wirkt

Dr Karle isch a Schlitzohr gwä,
so ois hôsch du selta gsäh.
Aus ma Äpfelkernleshaus
grubelt'r dia Kernla raus.

Wenn'r nô en Gsellschaft isch,
legt'r d'Kernla uff dr Disch.
Genüßlich vespert er dia Kern,
als mög'r dia ganz bsonders gern.

Nadierlich wird'r jetzt au gfrôgt,
worom'r so sein Maga plôgt.
„Dia Körner helfet meiner Birn,
sie sen halt Nahrung für mei Hirn.“

A Gast, der zeigt sich intressiert,
er het so gern en Kern probiert.
Dr Karle, der verkauft dem glei
für fenf Mark die ledschde drei.

Mit ma Wei schluckt der dia nonder
ond wartet uff a Geisteswonder.
Als nix bassiert, fangt'r â zom Flenna:
„Viel Äpfel het i drom kaufa kenna!"

Do sechd dr Karle: „Liaber Mâ,
du siehsch, die Wirkung fangt scho â!"

A bißle drneba

Dr Herr Professor, der isch heut
wieder môl total zerstreut.
Als sei Visite isch vorbei,
hockt'r en sei Zemmer nei.

Zu seine ganze Krankheitsfäll'
muß'r jetzt glei uff dr Stell'
schriftlich drzua Stellung nemma,
älles muaß nadierlich stemma.

Dia Krankheitsblätter lieget dô,
ond dô suacht dr guate Mâ
en seiner Dasch ebbes zom Schreiba.
S'Suacha duat net vergeblich bleiba.

Glei wird'r bleich, so weiß wie a Wand,
hôt s'Thermometer en dr Hand:
„Wo han i bloß, i kô's net fassa,
mein Kugelschreiber stecka lassa?"

Höpfigheim, Schlößle

Eduard Thinschmidt

Heimwerker

Isch em Haus môl ebbes he,
heut isch des fei nemme schee.
Dei Geduld isch meischdens aus,
bis en Fachmann hôsch em Haus.

Ond net bloß du, au d'Bank verschrickt,
wenn der dir sei Rechnung schickt.
Oft isch dr Schada net behoba,
dô hilft koi Stoßgebet nach oba.

Oh könnt mr doch sottiche Sacha
als Heimwerker oifach selber macha.
Nô het au ghet mit älledem
onser Gustav koi Problem.

Sei Weib kommt scho am früha Morga
an sei Bett mit ihre Sorga:
„Dr Cloabfluß, der isch verstopft,
ond em Bad dr Hahna tropft."

„Ben i a Fläschner?" frôgt'r nô.
„Du woisch doch, daß i des net kô.
I han koi Zeit, muaß au glei ganga."
Mit was andrem hôt se jetzt âgfanga:

„En dr Küche brennt koi Licht,
ond onser Toaster toastet nicht.“
„Ben i Elektriker?“ frôgt ihr Mâ.
„Du woisch, daß i des au net kô.“

Sei Weib, die läßt'm gar koi Ruah:
„Heut isch d'Autowerkstatt zua.
Komm, reparier mei Auto schnell,
des rührt sich nemme von dr Stell!“

Beim Gustav isch dr Ofa aus,
narret saut'r aus'm Haus.
„Ben i Mechaniker?“ schreit'r von draußa rei.
Ond mit älle Problem isch sei Weible alloi.

Am Âbend isch älles repariert,
selbst dr Toaster funktioniert.
Em Clo spült's wieder älles nonder,
dr Karra lauft, es isch a Wonder.

Dr Gustav guckt sei Weible â.
Die grinst: „Dô glotzsch, mei liaber Mâ!
Des älles hôt mi mächtig plôgt,
nô han i onsern Nâchber gfrôgt.

On der duat gar koi Zeit verliera
ond älles prächtig repariera.
Am Schluß, dô frôg'n was'r will.
Er sechd, er will drfür net viel.

A Schäferstündle könntet mr macha,
oder i soll'm a Torte bacha."
Dr Gustav moint, der Mâ häb Stil,
a Torte wär dô gar net z'viel.

Sei Weible guckt'n jetzet â:
„Was glaubsch du denn, du bleeder Mâ?
Siehsch denn net, wie i no zitter,
glaubsch du vielleicht, i ben Konditer?"

Guat für's Gschäft

Dr Oskar isch spaziera gloffa
ond hôt en alta Schulfreind troffa.
Dr Oskar isch fuffzig ond sieht au so aus,
wie dr Schulfreind aussieht, a rechter Graus.

Dô isch dr Oskar arg verschrocka
ond duat sich uff a Parkbank hocka.
Wenn's donkel wär, ond dät no regna,
mechd'r so oim net begegna.

Der hockt glei drneba nô,
dr Oskar guckt'n ganz gnau â:
„Du sottsch zum Doktor, altes Haus,
du siehsch jâ wirklich gräußlich aus!"

„Koi Doktor kô dô ebbes macha,
soll'sch jetzt heula oder lacha?
Andre schwendet dô dr Muat,
doch für mei Gschäft isch's oifach guat."

Jetzt zeigt'r Bilder von seine Kender,
beim Bada em Sommer, beim Rodla em Wender.
Dr Oskar guckt sein Nebamâ
ond d'Bilder von de Kender â.

Er häb scho viele Kender gsäh,
so wüaschde wäret des nie gwä.
„Schee send se net, dô hôsch du recht,
doch für mei Gschäft sen die net schlecht!"

Jetzt ziagt'r no a Bildle raus,
dô packt den Oskar faschd dr Graus.
A wüaschders Weib hôt er nie gsäh,
selbst en dr Höll dät's des net gä.

Onserm Oskar, gwieß koi Zwerg,
standet jetzt die Hââr zu Berg.
Er frôgt, er kô sich nemme halta:
„Wofür brauchsch du so wüaschde Gstalta?"

Sei Freund, der sechd: „I sag, was i dua,
ond worom i brauch mei Familie drzua.
Jetzt halt de feschd, mei liaber Mâ!
I han uff'm Volksfeschd a Goischderbâh!"

Murr, Marktplatz   Eduard Thinschmidt

D'Strôßabâh

S'Fritzle stôht dô an dr Strôß,
d'Auga tränet, 's lauft'm d'Nôs.
D'Frau Nachber sieht den kloine Bua
ond gôht uff des heulende Elend zua:

„Worom heulsch denn so, bisch hingefalla?"
Dr Kloine hört net uff zom Ralla.
„Jetzt sag mir doch, was isch denn los?"
„I mechd doch so gern über d'Strôß.

Mei Muader sechd, daß wichtig sei,
daß d'Strôßabâh erschd isch vorbei.
Jetzt stand i scho a Stond dô homma,
ond koi Strôßabâh isch komma."

Wie drhoim

En jeder Stadt, es isch a Graus,
stellt mr wilde Viecher aus:
Löwa, Tiger ond Giraffa,
Elefanta, Menscha-Affa.

Zu de ledschde, 's isch ogloga,
fühlt der Mensch sich hingezoga.
Worom, des kô mr bloß erahna:
Vielleicht send's wirklich seine Ahna.

Dr Karle sechd zu seiner Alta:
„Jetzt lesch môl onsern Herrgott walta!
Jetzt lesch dei Gschäft oifach môl liega,
des wird scho koine Jonge kriega."

Se hocket en ihrn Karra nei,
ond lasset Ärbed Ärbed sei.
Ihr Ziel, dr Zoo, isch nemme weit.
Sie bsuachet'n von Zeit zu Zeit.

Em Zoo bei denne Menscha-Affa,
dia Menscha nach de Affa gaffa.
Wer guckt raus, ond wer guckt nei?
De Affa isch des einerlei.

Karles Weib isch net verschrocka
ond duat sich vor dr Käfig hocka.
Sie füttert ihre oigne Ahna
mit Erdnüß ond au mit Banana.

Dr Oberaff saut d'Stäbla nuff,
dô gôht des Käfigtürle uff.
Hopft ronder ond ziagt - heidanei -
d'Karlene en sein Käfig nei.

So wie des aussieht, isch des klar:
Glei werdet Aff ond Mensch a Paar.
„Was soll i dô?" schreit jetzt d'Karlena.
„Machs wia drhoim! Dua oifach gähna!

Fang wia drhoim zum Stöhna â,
dreh de uff d'Seit, laß'n net nâ.
Sag'm ganz oifach dei Kopf dät so weh,
ond morga früh wär's doppelt so schee!"

Ent- oder weder

Am Sportplatz, en dr Nacht zum Sonndich isch's gwä,
hôt oiner a verdächtige Gstalt dô gsäh.
Uff ma Fahrrädle ond des au no ohne Licht,
weil's donkel war, sieht'r au dem net sei Gsicht.

Sofort ruft'r â bei dr Bolizei,
dia sen en dr Nähe ond kommet au glei.
Sie dean s'Blaulicht ond ihr Horn eischalta
ond kurz vor'm Flecka die Gstalt âhalta.

Am Lenker hôt'r a Dascha hanga,
mit Inspiziera wird glei âgfanga.
Sie öffnet die Dasch, neugierig wia se sen,
ond fendet a Rebscher ond Zeahmarkschei dren.

Jetzt wird der Kerle glei vernomma,
wie'r zu dem Geld sei komma.
D'Erklärung läßt net uff sich warta,
er häb am Sportplatz glei en Garta.

Bei jedem Feschdle, so au heut,
dô dädet emmer viele Leut
bronza oifach en sein Garta.
Henderm Zau dät er nô warta,

bis oiner packt sei Spitzle aus.
Nô holt'r halt sei Rebscher raus:
„Zeah Mark - oder..." schreit'r zum Pinkler nüber,
ond bevor des weh duat, zahlt der lieber.

Oi Bolle duat jetz uff'm Gepäckträger henda
a riesagroße Aktadasch fenda.
Bevor er sie öffnet, dô sechd onser Täter:
„Lasset se lieber zua, es zahlt halt net jeder!"

Fremdsprôch

Au a Katz, die duat des fruschda,
wenn se uff a Maus hôt Gluschda.
Ond die Maus em ledschd Moment
en ihr Mäusleslöchle rennt.

Sie hockt halt vor des Löchle nô.
'S isch s'Oinzig, was se macha kô.
Dia Mäusle dren dean s'Oheil wittra
ond en ihrm Neschd ganz mächtig zittra.

Dr Mäusevadder, net verschrocka,
duat an dr Ausgang sich nôhocka.
Er piepst mit ledschder Kraft: „Wau wau!"
Die Katz kriagt Angst, saut weg: „Miau!"

Mit stolzer Brust gôht Vadder Maus
wieder nei ens Mäusleshaus:
„Kender, seahn'r, wie wichtig s'ischd,
daß mr au a Fremdsprôch spricht!"

Vererbt

Am ledschda Schultag nach dr Schul
hockt dr Fritzle uff seim Stuhl.
Sei Zeugnis hôt dr kloine Wisch
en seine Händ, aber onderm Disch.

Sei beschder Freund muaß wiederhola,
sei Babba dät'm dr Hentra versohla.
Dô sechd Fritzles Babba: „Der kô nix drfür.
Dia Alte sollet kehra vor dr oigena Tür."

„Dr Babba von dem war nia dr Schnellschd,
ond sei Mamma nadierlich au net die Hellschd.
Woher soll der Bua die Gscheidheit denn nemma,
wenn die bei de Alte scho net duat stemma?"

Dô legt onser Fritzle, der elende Wisch,
sei Zeugnis ganz offa uff dr Disch.
„Du siehsch's wieder richtig!" sechd'r durchtrieba.
„I ben nämlich desmôl au hocka blieba."

Freiberg, Ortsteil Beihingen   Eduard Thinschmidt

A bißle teurer

Dei Auto isch dei "Heiligs Blechle".
Pflegsch's von de Reifa bis zum Dächle.
Verreckt a Teil, nô kôsch des dauscha.
Isch's en dr Werkstatt, muasch halt laufa.

Wenn mancher dät sich grad so pflega,
für dem sei Gsondheit wär's a Sega.
Älles dät nô länger heba,
ond sicher dät mr länger leba.

Onser Medizin isch heut
Gott sei Dank saumäßig weit.
Heut kannsch du, i kô's kaum fassa,
faschd älle Teil austauscha lassa.

Manch oiner hett en seiner Birn
gern a nagelneies Hirn.
Denn des alte taugt nix meh,
z'viele Zella sen dren he.

A Doktor, isch's a Scharlatan?
Der bietet Hirn zum Tauscha an.
Zwoi häb'r grad uff Vorrat dô,
so daß mr wirklich wähla kô.

Des oine wär a bißle teuer
inclusive Mehrwertsteuer.
Dr Eibau ohne Garantie.
Dr Lieferant? Den râtsch du nie.

A Politiker hôt no em Leba
sei Hirn zum Austausch freigegeba.
Ond weil's faschd ogebraucht ond nei,
dô derf's a bißle teurer sei.

A verflixte Strôßabâh

Mei Nâchbere von nebaô,
die fangt jetzt au zum Spara â.
Früher hôt dr Möbelwaga
Möbel brâcht, 's war kaum zum Saga.

Heut kauft se Billigmöbel ei
em Abholmarkt, dô kriagsch die fei.
Sie hôt scho manches Stück erstanda
ond konnt so manches Schnäpple landa.

Sie het gern en neua Schlâfzemmerschrank.
Dr alt isch ra z'kloi, der macht se ganz krank.
Em Nu isch jetzt die Idee gebora,
ond es wird au gar koi Zeit verlora.

Em Abholmarkt, Gott sei's gedankt,
dô stôht ganz henda so a Schrank.
Der gfällt ra guat, glei kaufts'n ei.
Doch baßt der au ens Auto nei?

Dô gibt's bloß ois, den muasch zerlega,
ond d'Einzelteil ens Auto lega.
Gedacht, getan, so wird's au gmacht.
'S gibt koi Problem, des wär au glacht.

Mit Möbel kennt se sich jô aus.
Als älle Teil nô sen em Haus,
nô baut se s'Schränkle selber zamma.
Stonda sen do halt verganga.

Endlich hôt se's aber gschafft.
Koschdet hôt's ihr ledschde Kraft.
Voll Stolz guckt se ihr Schränkle â,
nô hört se draußa d'Strôßabâh.

Die fahrt wia emmer mit Gebraus
ganz nah vorbei an ihrem Haus.
D'Erschütterung vom ledschda Waga
hôt des Schränkle net vertraga.

Narret baut se's wieder zamma
ond isch nô en ihr Küche ganga.
Was jetzt bassiert, ihr könnet's ahna:
'S gibt jô no meh Strôßabahna.

Verzweifelt ruft se em Möbelgschäft â,
ob net vielleicht a Monteur komma kâ.
Ihr Mâ wär uff Gschäftsreis, der käm en dr Nacht,
des Schränkle wär als Überraschung gedacht.

60

Es dauert net lang, dô kommt dr Monteur
ond guckt sich â des grande Malheur.
En kürzeschder Zeit stôht dr Schrank wieder dô,
dô kommt scho wieder a Strôßabâh.

Als des Schränkle wieder zammafällt,
zerbricht dem Mâ sei Montagewelt.
Bevor der duat sein Verstand verliera,
duat'r den Schrank no oimôl montiera.

Er baut den Schrank jetzt nomôl uff
ond setzt sich oifach obadruff.
Als nix bassiert, hockt'r enna sich nei
ond wartet, daß d'Strôßabâh kommt vorbei.

Dr Ehemâ isch inzwischa hoimkomma,
hôt s'Schränkle glei en Augaschei gnomma.
Er öffnet die Schranktür ond sieht dr Monteur,
packt'n am Kraga ond ziagt'n her.

„Was machsch du em Schrank?", frôgt dr Ehemâ.
„Ha, i wart doch bloß uff a Strôßabâh."

Ingersheim, Rathaus und Kirche

Eduard Thinschmidt

Schadenersatz

„Ein Schuldiger in Schadensfällen
hat den Ausgangszustand wieder herzustellen!"
So stôht's dren em BGB.
En onserm Fall duat des net weh.

Heit fahret se mit Räder rom,
ond des isch wahrlich gar net domm.
Gsond isch des ond spart au Geld.
Was willsch du meh uff dera Welt?

Doch baß uff, daß dô drô denksch
ond dei Velo richtig lenksch.
Sonschd gôht es dir, du ahnscht es nicht,
wie dem Kerle em Gedicht.

Der hôt môl sei Rädle gnomma,
isch durch viela Sträßla komma.
An dr Kreuzung isch's bassiert,
daß'r d'Übersicht verliert.

Er hôt druff en Jeses Zâh',
a Mädle lauft'm en sei Bâh'.
Er fahrt se om ond liegt drneba.
Gott sei Dank dean boide leba.

Was er net woiß, erfährt'r bald.
Es überlauft'n heiß ond kalt.
En Hoffnung isch des Mädle gwä.
Jetzt war's om diese Hoffnung gschäh!

Nadierlich kam die schlemme Gschicht
em Städtle nô vor's Amtsgericht.
Wie soll dr Richter dô entscheida?
Er kennt jô d'Paragrapha reita.

Er kennt den Mâ ens Gfängnis stecka.
Dr Richter isch dr Gscheidschd vom Flecka.
Dr Frau brengt's nix, des isch doch klar,
's wird nemme so, wie's vorher war.

Deshalb spricht'r klug und weise
sei Urteil, spricht's bestimmt und leise:
„Als Schuldiger en Schadensfällen
hôsch du den Zustand wieder herzustellen!".

A bsondrer Zucker

Älle die a Küche hen,
hen en de Schränk au ebbes dren.
Mir hen dô schöne blaue Dösla
für Pülverla, dia brauchsch für Sößla.

Zucker gibt's en viele Sorta
für Gsälz, für Kucha ond für Dorta.
I hol mir Zucker für mein Tee,
denn en dem Streuer isch nix meh.

Dia Zuckerdosa standet oba,
hen sich nach vorna leicht verschoba.
I mach jetzt mei Schranktür uff
ond lang zu denne Dosa nuff.

Dô hagelt oine blitzschnell ronder,
daß se zuableibt, war a Wonder.
I bück mi, heb die Dosa uff:
"Hagelzucker" stôht dô druff.

Frau oder Freundin

Bei dr Kur, ganz weit entfernt,
hen sich zwoi Herra kennaglernt.
Sie geahn öfters môl spaziera
ond dean nach kurze Röckla stiera.

Ond zwoi so Röck sen gar net weit,
bloß uff dr andra Strôßaseit.
Dia Röckla dean scho gwaltig reiza,
scho wellet se des Sträßle kreuza.

Dô stoppt dr oi: „Oh Scheißverrecka!
I muaß mi uff dr Stell verstecka.
Die oi dô drüba isch mei Weib,
die ander isch mei Zeitvertreib.“

Dô moint dr ander von de Herra:
„Wenn i des hör, nô kennt i plärra.
Dia zwoi dô drüba sen genau
mei Verhältnis ond mei Frau.“

Lauter Dackel

A Briefträger, der's eilig hat,
fährt mit'm Rädle durch sei Stadt.
Er paßt net uff ond hagelt ronder,
ond d'Post fliagt halt uff's Sträßle nonder.

Er rappelt sich uff ond blickt glei jetzt
direkt ins Auge vom Gesetz.
Dr Bolle grinst, a bleeder Lackel:
„Gibt's bei der Post no meh so Dackel?"

Dr Postler isch koi bißle domm,
grinst au ond sechd zum Bolle nom:
„Noi, i ben no dr oinzig, jetzt woisch du's glei.
Älle andre sen nämlich zur Bolizei!"

A ganz bsondra Nôs

Onserm Karle schmeckt sei Wei,
a Württaberger muaß des sei.
Ond dâvo hôt des 'arme' Tröpfle
a bißle halt a Trollingerköpfle.

Sei Nôs isch rot, a bißle gschwolla,
sieht aus halt wie a Breschdlingsbolla.
Siehsch du so aus, dô kenntesch flenna,
dô lernsch du deine Nägschde kenna.

Denn es stichelt die ganz Blôs'
über Karles Breschdlingsnôs.
Doch s'isch halt wia mit seinra Alta,
er muaß die Nôs sei Lebtag bhalta.

Er het sich schließlich mit abgfonda,
denn manchmôl gibt's au scheene Stonda.
Wenn seine Freind môl hen en Balla,
seahn dia glatt aus ond dean bloß lalla.

Bloß oiner hört net uff mit lacha
ond duat sich weiter lustig macha.
Des Spotta kô'r nemme vertraga,
dem Kerle muaß'r d'Moinung saga:

„I verzähl dir jetzt, wie's vor viele Jåhr
mit onsre boide Nôsa war.
Als onser Herrgott hôt d'Nôsa verteilt,
hen sich älle saumäßig beeilt.

Mir zwoi Penner sen als ledschde komma,
vom Disch han i a Nôsa gnomma.
Bloß zwoi sen uff'm Disch no glega.
I war zerschd, des war a Sega.

D'Breschdlingsnôs han i dir überlassa,
saubleed hôsch guckt, des konntsch net fassa.
Hedsch du die Nôs en dei Gsicht neignomma,
nô wärsch du längschd em Fernseha komma.

Doch onser Herrgott hôt bloß glacht,
haut uff dr Disch, daß no so kracht:
I soll die schee Nôs liega lassa.
Zerschda konnt i des net fassa.

I soll, nô dät doch älles stemma,
halt des Breschdlingsnäsle nemma.
„Dei Freind, der muaß die ander kriega,
denn des isch a Rotznôs, ond die lesch liega.“

Neckar bei Pleidelsheim

Eduard Thinschmidt

Au, mei Vesper

Früher gab's no Strôßakehrer,
für d'Abortgrub gab's Abeleerer.
Leider dean heut boide fehla,
von ledschdere will i verzähla.

Zwoi hen môl, so wie sich's ghört,
onser Abortgrube gleert.
Sein Kittel hôt dr oi auszoga,
ond der isch en die Grub' neigfloga.

Er probiert's mit älle Mittel,
daß'r wiederkriagt sein Kittel.
Sei Freund, der sechd: „Mach koine Sacha!
Mit dem kôsch du koin Staat meh macha!

An den brauchsch nemme drâzomdenka,
der wird en hondert Jôhr no stenka.
Schlag dr den bloß aus'm Senn
ond laß'n en dr Scheiße dren!"

Dô fangt sei Freund, a gstandner Mâ,
ganz oifach jetzt zom Heula â.
„Mein Kittel, den vergeß i no zur Not,
bloß en dr Dasch isch mei guat's Vesperbrot!"

71

Koi Spaß

A Donderwetter mit viel Krach
gibt Hochwasser em Zipfelbach.
A mickrigs Brückle führt dô drüber,
ond onser Karle will heut nüber.

Er bittet sein Herrgott, a bißle isch'r fromm:
„Mach, daß i guat übers Brückle komm!"
Faschd drüba hôt sei Übermut âgfanga:
„Oh Herrgott, 's wär au ohne di ganga!"

Em gleicha Moment, dô stolpert'r fei,
rutscht aus ond hagelt ens Bächle nei.
An ma Ästle kô'r sich grad no heba.
I glaub, dr Karle dät heut nemme leba.

Er ziagt sich raus mit ledschder Kraft,
hockt am Ufer ond isch gschafft:
„Lieber Herrgott", duat'r saga,
„du kôsch au gar koin Spaß vertraga."

Vom Epples Karle

Jedem Schwôb em Schwôbaland
dr Epples Karle isch bekannt.
Dâmit gibt der guate Mâ
nadierlich gottsallmächtig â.

Er sechd: „Net bloß em Schwôbaländle
kennt mi jedes Pfätschakendle.
Net bloß en Deutschland, au über d'Grenza naus
schwätzt mr mein Nâma mit Hochachtung aus!"

Er hôt zwoi Freund, sen koine Sempel,
dia machet d'Probe uff's Exempel.
Sie wellet's überprüafa glei
ond ladet onsern Karle ei.

Sie fahret zamma en d'Bundeshauptstadt,
wo der Präsident Audienz grad hôt.
Koiner stoppt se, sia derfet dô nei,
dr Präsident, wie könnt's anders sei,

begrüßt dr Karle glei an dr Tür:
„Grüß Gott, Herr Epple, schön daß Sie hier!“
Später verlasset se s'Bundeshaus,
doch denne Freund reicht des no net aus.

Se moinet, se bräuchtet Beweise no meh,
ond hettet dô a ganz tolle Idee.
Sie hen sofort dr Flugplatz gsuacht
ond glei en Flug nach London buacht.

Vor'm Buckingham Palast grüaßet die Wacha,
dô sieht mr ebber a Fenster uffmacha.
Em Fenster isch d'Queen ond wenkt mit dr Hand:
„Hallo, Charles Epple from Schwôbaland!“

Dia Freund sen trotzdem no skeptisch blieba
ond hen en Flieger nach Rom ufftrieba.
Uff'm Petersplatz standet Gläubge en Massa,
koiner will dr Sega vom Papst verpassa.

Onsre drei Freund standet au dô onda,
doch plötzlich war dr Karle verschwonda.
Dr Papst erteilt aus'm Fenster sein Sega,
dô sieht mr drhender sich ebbes bewega.

Henderm Papst, dia Freund sehn des klar,
daß dees dr Epples Karle war.
Se brenget vor Stauna ihr Gosch nemme zua,
dô höret se ebbes, des nemmt ehne d'Ruah.

Was jetzt kommt, des muasch zwoimôl lesa:
Drneba standet drei Chinesa.
Dia frôget oifach frank ond frei,
wer denn des vor'm Epples Karle sei.

Mundelsheim, Kilianskirche   Eduard Thinschmidt

Jetzt senget se wieder [*]

Em Schwôbaländle weit ond breit
wird gsonga en dr Weihnachtszeit.
Am Heiliga Âbend, em Christkind zu Ehra,
wird gsonga gemeinsam vor'm Beschera.

„Oh Dannabaum" senget se vor'm Beschera,
ond wia grea dem seine Blätter wära.
Doch uff'm Disch, i begreif des nicht,
dô stôht mit braune Nâdla a Ficht.

Jetzt senget se „Oh du fröhliche",
wer dr Text kennt au „Du selige".
Doch stocksauer gucket se d'Gschenkla â,
weil koiner mit denne was âfanga kô.

Leise dät riesla vom Hemmel dr Schnee,
dr weihnachtlich Wald dät glänza so schee.
Doch draußa isch älles grau en grau.
Von morgens bis âbends, dô schifft's bloß wie d'Sau.

Wie süaß die Glocka heut klenget,
's wär grad, als ob Engela senget.
Doch wenn se em Schlôf nô d'Glocka höret,
geahn se vor Gricht, weil dia halt so störet.

Sie senget, se kämet vom Hemmel hoch ronder.
Drbei gibt's bei denne halt au koine Wonder.
Denn d'Mamma kommt vom Abe, weiß wie a Wand,
ond dr Babba vom Keller mit ra Flasch en dr Hand.

Jetzt derfet au no die Kinderlein komma,
obwohl d'Mamma nadierlich ihr Pille hôt gnomma.
Ond dr Babba haut mit dr Faust uff dr Disch,
weil sei Jüngster a klois bißle frech worda isch.

„White Christmas" senget se aus voller Brust,
doch am nägschda Morga hôt koiner Lust,
den herbeigsongna Schnee vom Trottwar zom Fega.
Jeder pennt weiter ond duat sich net rega.

„Stille Nacht" duat mr jetzt au no senga
ond d'Kender en ihre Bettla brenga.
Dia krakeelet ond schreiet, daß no so kracht.
Oh Heiliger Âbend, Stille Nacht!

* frei nach Paul Röhrle

Inhalt

© Alle Rechte vorbehalten
Selbstverlag Rolf Gerlach
Egerländerweg 8 · 74385 Pleidelsheim
Telefon 0 71 44 / 2 32 53

Aquarellbilder von
Eduard Thinschmidt
Sommerhalde 8 · 74385 Pleidelsheim
Telefon 0 71 44 / 2 36 53

Gestaltung: Barbara Dautel
Satz: Nicola & Heiko Häussermann

Herstellung: Druckerei Pechmann GmbH
Am Schafhaus 3 · 71720 Oberstenfeld
Telefon 0 70 62 / 2 21 04